AUX ÉLECTEURS,

SUR LE CHOIX

D'UN DÉPUTÉ.

1859.

PARIS,

Chez BARBA, Libraire, au Palais Royal.

BAR-LE-DUC,

Chez F. D'OLINCOURT, Libraire-Editeur,

Rue Rousseau, N.° 19.

IMPRIMERIE DE F. D'OLINCOURT,
rue Rousseau, 19, à Bar-le-Duc.

AUX
ÉLECTEURS,
SUR LE CHOIX
D'UN DÉPUTÉ.

Cet arrondissement a toujours été dignement repré-
senté à la chambre ; (*) et , tandis que d'autres localités
ont envoyé des mandataires à peu près insignifiants ;
nous avons eu pour représentants , sinon toujours les
plus éminents de ce solennel congrès, ces hommes unis-
sant l'éloquence au savoir, qui ne se rencontrent que
de loin en loin , au moins des citoyens graves, conscien-
cieux , doués d'une haute intelligence des choses et de
l'éducation nécessaire pour les apprécier , doués de
réflexion , travailleurs , et raisonnant leurs idées sur
les questions soumises à leur vote.

Les gens qui n'ont pas d'idées arrêtées, ou qui, ayant
des idées arrêtées, ne les manifestent pas nettement,

(*) On voit que cet écrit est une spécialité. Mais il renferme des
généralités qui peuvent en rendre la lecture utile à toute la population
électorale.

soit parce qu'il n'y a pas assez de fond chez eux pour les soutenir, soit par manque de franchise et de courage civil (sans parler de l'intérêt personnel qui les porterait à vouloir ménager toutes les opinions), ces gens dont la pensée ne peut être saisie, parce que leur parole est équivoque et variable, ces gens-là ne prendront point leur inspiration en eux-mêmes ; ils diront, comme quelques-uns ont déjà dit : « Je vote avec mon chef. » Nuls dans la discussion orale, nuls pour le travail des bureaux (parce que ce caractère entraîne l'indolence, si même il n'est adopté intentionnellement pour déguiser une nullité), ils ramasseront leur opinion dans un journal ou sur un banc, et vraisemblablement sur le banc le plus nombreux. Imitateurs par nécessité et serviles par imitation, ils ne se donneront pas la peine de reconnaître les cas où la minorité se montre plus clairvoyante et plus sage que la majorité, et doit devenir majorité elle-même, en ralliant à elle les bons esprits.

Les électeurs ne peuvent vouloir d'un simulacre de représentation. Il leur faut un homme complet, un mandataire réel et qui leur fasse honneur.

A l'approche des luttes électorales, on rencontre à chaque pas des hommes qui n'ont que deux arguments : *les horreurs de* 93, ou *le retour de l'absolutisme*, de ces hommes outrés en tout, à qui toutes les raisons sont bonnes, que la source en soit pure ou non, pourvu qu'elles soient consonnantes avec leur passion. Ils ne voient d'autre milieu que le ministère, comme si le ministère, en admettant que le bien soit dans le milieu, était, par une grâce toute spéciale, ce juste milieu désirable, et ne pouvait pas s'en écarter tout le premier; comme si, entre le ministère et les extrêmes, il n'y avait pas des opinions plus désintéressées et fort honorables.

Ils effraient les simples, en leur faisant croire que la liberté est, en leurs mains, une arme dangereuse; ils les font hésiter dans l'exercice de leur propre jugement. Selon eux, pour ne tomber ni dans l'anarchie ni dans le despotisme, il faut être ministériel pur, ou nul : c'est à peu près la même chose ; car rien de plus commode assurément que d'être toujours de l'avis du pouvoir. (*) Hors de là, point de salut ; et ils ont soin de conclure : « Repoussez les parleurs, les penseurs, les idéologues ; « nommez un honnête homme, et restez en confiance, « sans vous occuper du reste. »

Est-il donc dit que l'homme qui pense, raisonne, travaille, écrit et parle par lui-même, ne puisse pas

---

(*) Certes, on peut voter avec le ministère quand le système ministériel est bon. Ce qui est inconvenant, c'est cette inféodation aveugle qui proclame le système bon par cela seul que c'est le système ministériel, et qui, les ministres venant à changer, change volontiers de manière de voir pour passer dans le bagage des successeurs.

être ; autant que tout autre , honnête homme , bon et paisible citoyen? Il faut avouer que cette supposition est peu flatteuse pour l'esprit national , pour l'esprit qui la conçoit, et pour l'esprit auquel on voudrait l'inculquer.

Ceux qui croient que talent et probité peuvent très-bien s'allier , chercheront un honnête homme , non pas un honnête homme nul, mais un honnête homme capable.

La capacité avant tout , une capacité reconnue , démontrée , attestée , sauf aux électeurs à examiner en-suite , avant toute-fois de l'admettre à l'honneur de les représenter , si elle ne se trouve pas sous une influence qui la tournerait vers un mauvais parti.

Quand on considère ce qu'il faut d'instruction et de savoir réel pour être au pair de ces éminentes fonctions de député , le programme en est imposant.

Notions du droit international , de finances , d'admi-nistration , de commerce , de droit civil , etc., sans compter les notions morales , auxquelles le retour est toujours nécessaire ;

Pénétration et sagacité pour apprécier , dans cette forme de gouvernement , qui est , à n'en pas douter , une monarchie entourée de formes républicaines , la dose de démocratie convenable pour balancer les écarts possibles du pouvoir , et la dose nécessaire de pouvoir pour balancer les écarts possibles de la démocratie ;

Netteté dans les vues , pour distinguer , sans se laisser

aller à aucune préoccupation, un intérêt de cour déguisé sous la couleur d'un intérêt national, une timidité funeste, cachée sous le semblant de la prudence; pour peser les conséquences d'un grand acte, et concilier les exigences apparentes de l'actualité avec la paix et la prospérité ultérieures;

Vouloir à propos un sacrifice momentané; le voter courageusement pour prévenir un avenir sinistre, et ne pas, au contraire, s'endormir dans un présent prospère, au risque d'être réveillé par des dangers que l'imprévoyance d'une fausse sécurité aura grandis;

Se faire et savoir conserver cette attitude, qui n'est ni la confiance aveugle ni la méfiance obstinée, et vouloir la mutualité de confiance et de loyauté entre les différents corps de l'état;

Tel est ce vaste sommaire, où se rencontrent les questions de paix et de guerre, d'alliance, d'action ou de neutralité, d'obséquiosité ou de volonté ferme;

Questions où, non-seulement l'honneur français, mais aussi le bien-être et la fortune de l'état et des citoyens sont si vivement, et parfois contradictoirement intéressés; questions dont la solution peut exciter des passions et des collisions; car il n'est que trop vrai que quiconque, en politique, prévoit le lendemain, risque d'exciter la colère de ceux qui ne voient que le jour

Quand on considère, disons-nous, toutes ces conditions, dont la réunion peut seule former le bon et loyal député, on est tenté de taxer d'audace celui qui vient se poser, en homme d'état, devant la lutte électorale.

Cependant on se présente, et l'on croit avoir beaucoup dit en disant : « Je suis dans les affaires depuis 10 « ans, depuis 20 ans.... » Quelles affaires? ou bien : « Je suis indépendant par ma fortune et par mes opi- « nions.... » Comme si l'opinion était une qualité matérielle que l'on puisse se procurer à l'occasion !

« L'ignorance et la frivolité rendent incapable d'avoir « une opinion à soi... On se contente d'épier la manière « de voir la plus prônée, et l'on croit être en règle « vis-à-vis de ses devoirs par cette formule : *Tout le* « *monde paraît penser ainsi : je vais penser de même.* »

On fait, ou l'on fait faire ce qu'on appelle une profession de foi, allocution banale, qui semble dire beaucoup et qui ne dit rien. Y a-t-il réunion préparatoire? la position du candidat peut devenir délicate ; mais il y a encore moyen de s'en tirer, soit en se mettant sous l'égide d'une cabale, ou d'un thème fait à l'avance, soit par des évasives. On est à peu près certain à l'avance que les interpellations ne porteront que sur les circonstances du moment. Il est rare qu'une voix grave s'élève pour amener l'examen sur les choses essentielles, sur les doctrines et les principes.

Il faut , avons-nous dit , une capacité foncière et attestée... Le vrai mérite qui aura fait ses preuves , répugnera peut-être à entrer , en concurrence avec une incapacité , dans ces épreuves , parce qu'elles ne sont pas dirigées de manière à le faire ressortir , parce que , s'attachant plutôt à la superficie, elles offrent ce risque, que l'incapacité pourra en sortir triomphante au préjudice du mérite réel.

C'est aux électeurs à aller le chercher dans la retraite, pour éconduire les aspirants qui ne seraient pas , par leurs précédents ou par leur aptitude , destinés à réunir le plus possible les qualités voulues. C'est un service à rendre au pays ; c'est un service à leur rendre à eux-mêmes ; car nous ne devons pas penser qu'ils veuillent être députés *quand même* , c'est-à-dire de nom seulement , au risque de voir publier leur insuffisance.

Le mandat électoral n'est pas un mandat ordinaire : dans les affaires communes , on peut choisir pour mandataire une personne moins éclairée que soi-même. Quand il s'agit de faire *telle* chose, qui ne peut être faite que de *telle* manière, ce n'est qu'une simple commission facile à remplir ; le mandataire n'est qu'un instrument qu'on peut changer et révoquer. Mais il y a des positions où le mandataire doit être plus éclairé que le mandant. Telle est celle où nous remettons la direction d'un litige à un jurisconsulte , réputé plus apte que nous-mêmes à conduire notre affaire à bonnes fins. Le mandat est alors libéral et libre... C'est aussi le caractère du mandat politique. S'il ne s'agissait que d'un pouvoir impératif, à conférer sur des questions prévues à l'avance, et d'une profession de foi à émettre de la part du mandataire sur ces questions, l'intention des commettants pourrait venir au secours de la faiblesse ou de l'hésitation du mandataire. Mais les questions (la plûpart si ce n'est toutes) qui pourront être soumises à la législature sont, au moment de l'élection, un inconnu. Pour celles-là au moins, le mandat impératif n'est pas plus possible que convenable.

Ajoutons, parce que cela est ainsi, que le mandat politique est obligé, et non pas facultatif. Ceux qui sont appelés à le conférer ne seraient pas admis à discuter et voter par eux-mêmes. La loi leur donne le droit de se faire représenter ; mais le député tient son mandat de la loi plutôt que des électeurs, c'est-à-dire que c'est la loi qui règle la nature, le caractère et les obligations et devoirs du mandat, en même tems que les électeurs sont souverains maîtres quant au choix de la personne.

On voit combien ils sont intéressés à bien faire ce choix. Ainsi avertis, ils ne se laisseront sans doute pas aller à nommer un mandataire moins éclairé qu'eux-mêmes. Ils n'accorderont cet honneur qu'à un citoyen capable, et apte à devenir plus capable encore, en de-

venant auditeur, puis orateur , ou au moins rapporteur ;
membre influent des commissions , ou membre actif des
bureaux dans la discussion des affaires.

Toutefois , avons-nous dit, ils doivent, après avoir
rencontré cette capacité , reconnaître si elle est dans la
la voie du bien , tel qu'eux-mêmes le conçoivent et le
veulent : ceci touche à l'opinion ; quelques mots à cet
égard , au point de vue seulement de grands intérêts
publics.

C'est un bon esprit que celui porté par inclination à
se rattacher à l'opposition modérée et conservatrice ,
sans se séparer entièrement du parti ministériel, car il
importe, avant tout, que la chose publique marche.
Toute scission , toute déclaration hostile , doit être cons-
ciencieuse , c'est-à-dire accompagnée du regret de ne
pouvoir concorder avec le gouvernement. Mais , dans
ces tems difficiles , s'il arrive que la chose publique
marche mal , il faut protester.

Ce sont ces cas qu'il importe de saisir et de signaler ; et
l'on doit résister alors avec, à la fois, énergie et mesure.

L'opposition peut être exercée systématiquement ou
avec discernement et désir intime de bien faire.

Le système est, en général, une mauvaise voie.

Ceux qui ne verraient partout qu'écarts et empiète-
ments du pouvoir ; qui , dominés par cette idée , suppo-
seraient un piège dans toutes les propositions et demandes

du ministère ; qui sont enclins à considérer le pouvoir comme ennemi de la liberté , au lieu de le regarder comme une de ses sauve-garde , ceux-là ne sont point dans des conditions d'impassibilité ; ils jugeront mal. (Voir la note , page 5.)

Vice versâ, c'est un système blâmable que d'être en perpétuelle défiance de l'opposition et de rejeter , sans examen , toute proposition active ou de résistance venant d'elle.

L'opposition , par cela même qu'elle se met franchement en ligne pour combattre, quoiqu'elle sache bien souvent à l'avance qu'elle aura contr'elle la force numérique , a nécessairement étudié , médité , pour sortir avec honneur au moins de ces luttes. C'est elle qui sert de garde avancée pour observer si , dans cette haute région des affaires du pays , le gouvernement fait ce qu'il faut , rien de moins , rien de trop , et surtout s'il ne fait pas le contraire de ce qu'il faut. C'est elle qui rappelle aux dépositaires du pouvoir qu'ils ne peuvent conserver leurs avantages qu'en respectant les droits de la nation.

Ne point se laisser aller à l'esprit de système ; chercher la vérité dans la réflexion ; la saisir lorsqu'elle vient par communication , sans examiner , avec une antipathie préexistante , la source d'où elle sort ; conserver au contraire la vraie indépendance , qui consiste à n'être d'aucun parti pris à l'avance ; se rallier, suivant les circonstances, à celui qui a raison, sauf à le déserter, si plus tard et dans une autre circonstance il a tort : tel est, ce nous semble, le signalement, le programme d'un député digne de cette mission, dût-on l'appeler *voix flottante*?

Et quand cela serait, les neutres, ou *voix flottantes*, ont, aux yeux des personnes de sens, une attitude honorable. Elle suppose une consistance réelle et l'application à raisonner, à juger par soi-même, sans avoir besoin d'un mot d'ordre ou d'un signal. Il ne faut pas dire : c'est la majorité qui fait les idées saines. Il faut pouvoir dire : ce sont les idées saines qui font la majorité. Et alors on conçoit que les neutres, appréciateurs probes des arguments et des circonstances, ont une véritable importance. Ils fixent la majorité en se portant vers l'opinion qu'ils jugent préférable ; sous cet aspect, ils dominent l'assemblée.

Or, nous le répétons encore, pour suivre cette ligne avec honneur, il faut s'observer, travailler sans cesse ; il faut, première et indispensable condition, la capacité.

Lorsque, en 1831, les membres du bureau de ce même collége électoral se présentèrent à M. le préfet de l'époque pour lui faire part du résultat des votes, « le Ministère, dirent-ils, ne sera peut-être pas fort « satisfait. Il aurait probablement préféré l'autre candi- « dat,... Le collége a nommé M..... »

— « Messieurs, répondit le sage magistrat, vous
« auriez pu faire pis ; vous avez choisi un homme à
« talent et un honnête homme. »

Aujourd'hui que la mort nous a enlevé cet estimable
représentant, c'est à nous, Électeurs, à lui donner un
successeur digne, sous l'un et l'autre rapport, de le
remplacer.